Weil eine Welt mit Geschichten eine
bessere Welt ist.

Hannes Zeisler

Rückschau

Life is a story

schreib's auf
story.one

1. Auflage 2021
© Hannes Zeisler

Herstellung, Gestaltung und Konzeption:
Verlag story.one publishing - www.story.one
Eine Marke der Storylution GmbH

Gesetzt aus Crimson Text und Lato.
© Fotos: Ein schulischer Nachschlag, Foto pixay.com. , Und noch einmal Rom, Foto
pixabay.com, Adieu Schwester, eigenes Foto, Schwesterherz, Foto pixabay.com,
Melodienstrauß, eigenes Foto, Flotte Daumen, was sonst?, Foto pixabay.com,
Klischees, eigenes Foto, Clownerie, Foto pixabay.com, Vergesslichkeit, Foto
pixabay.com, Mysteriös. Foto pixabay.com, Rätselhaft, Foto pixabay.com,
Rückblende, Foto pixabay.com, Die Holzschuh-Story, eigenes Foto, Der Frosch und
die Kamera, Foto pixabay.com, Ein toller Ersatzurlaub, Foto pixabay.com, Ein
besonderes Jubiläum, eigenes Foto, Verabschiedung, Foto pexels.com

Printed in the European Union.

ISBN: 978-3-99087-423-3

Bücher lesen heißt wandern gehen in
ferne Welten. Jean Paul

INHALT

Ein schulischer Nachschlag

Relativ spät hat sich bei mir die Erkenntnis durchgesetzt, dass die Orthografie bis zu einem gewissen Grad auch Begabung ist. Abgesehen einmal von einem Legastheniker! So beurteilte ich einmal in der 4.Schulstufe einen - inhaltlich - exzellenten Aufsatz trotz dreier Rechtschreibfehler mit einem Sehrgut. Erstaunlicherweise alterierte sich die Mutter des Kindes darüber! Ich klärte sie auf.

Ein anderer, durchaus begabter Schüler mit Rechtschreibproblemen, wurde Büchsenmachermeister mit eigenem Geschäft. Und so könnte ich noch viele Beispiele aufzählen, die beweisen, dass die Schwächen in der Orthografie nicht unbedingt auf einen schwachen Intellekt hinweisen.

Nun noch einige Beispiele aus meiner schulischen Tätigkeit, im Original nieder geschrieben:

Der Schüler Franz D. meinte: Eine Operation ist die Entfernung eines Schlechtkörpers. Finde ich ziemlich treffend! Er hielt auch das Mostviertel für das westlichste Bundesland von Österreich. Erwin L. wiederum war überzeugt, dass das Krafthaus von Turbinen angetrieben wird, der Brand durch Feuer entstanden ist und die "Himmel rühmen" von Strauß stammt! Hermann S. schrieb: In der Lunge wird das sauerstoffreiche Blut abgenommen und unsere Familie ist siebenköpfig und ich bin der 3. im Aufwachsen. Maria L. behauptete: Die Speise geht vom Dickdarm in den Pförtner.

Maria R., eine liebenswerte Schülerin, stand mit der Rechtschreibung absolut auf Kriegsfuß! Hier einige Ausschnitte: Undergiferspeicheldrüse, Grig (= Krieg!). Der Branntwein ist ein starges gift. Und die Krönung: In Weinviertel ist Lempaten es ist sehr traken gerate die richtige tembarate zum Weinbau. Frei übersetzt: Im Weinviertel ist Lehmboden, es ist sehr trocken, gerade die richtige Temperatur zum Weinbau.

Rosa D. meinte: Chinas Bewohner sind Hamiten, Zwergvölker und Malayen. Für Walter D. wiederum bestand Indiens Bevölkerung hauptsächlich aus Chinesen. Für ihn war auch Beethoven der "Liederfürst" und man durfte keinen Brief schreiben, ohne ihn Metternich zu zeigen! Maria G. schrieb: Die Moleküle ist eine Zusammenhangskraft der Kohäsion. Und die Fliegen gehören zu den Vögeln! Franz G. behauptete: Im ersten Jahr ist der Rehbock ein Einhorn. Lore W. : Strom kann man durch komische Vorgänge erzeugen. Und Helga K.: Die Mützen darf n ur der Staat prägen! Irma T. schrieb: Der Vater verzog die Mähne. Als es dunkel wurde, spukten wir im Zimmer umher.

Heinz Sch. meinte wieder: Die Gelbe Rasse hat deshalb Schlitzaugen, weil dort der Wind immer Sand in die Augen treibt. Gerhard.Schw. stellte fest: Der Hauptmann in der Familie ist der Vater. Ich darauf: Und die Mutter der Spieß! Eine bemerkenswerte Definition gelang dem Schüler Franz F: Ein Notar ist ein Fallensteller! Silvia L. auf meine Frage: Was ist eine Klemme? "Ich war schon in der Ysperklemme." Und zum Schluss noch Erich B. auf die Frage "Wer sagt uns, dass es kalt ist?" Die Hühneraugen!

Und noch einmal Rom

Bei unserer ersten Romreise 1982, als wir unsere Silberne Hochzeit feierten, haben wir mehr erlebt, als in der ersten Geschichte unterzubringen war. Möglich wurde die Fahrt, weil wir vom Klassenvorstand unserer Tochter Karin, Dr.K., die Erlaubnis erhielten, an der Romfahrt der 6.Klasse teilzunehmen. Er war sogar sehr froh darüber, weil die 36(!) Schüler in drei Gruppen aufgeteilt werden mussten und er meine Frau und mich ersuchte, eine Gruppe zu übernehmen. Nur kurz vermerkt: die 16-jährigen Schüler waren ungewöhnlich diszipliniert und es gab keinerlei Probleme.

Über die geschichtlichen Informationen des Romfans Dr.K. habe ich schon berichtet, daher möchte ich diesmal über die "Randerscheinungen" schreiben.

Ein kleines Malheur passierte auf der Zugfahrt bei Wiener Neustadt, als sich ein Schüler etwas zu weit aus dem Fenster beugte und durch den Wind sein Kapperl davon flog! Sonst verlief die Fahrt ohne Probleme. In Rom bezogen wir

Quartier auf der Piazza del Gesu in einem kleinen, älteren Hotel, das aber durchaus heimelige Atmosphäre verströmte. Die Chefin war eine typische Sizilianerin: temperamentvoll und wortgewaltig! Später logierten einmal unsere Söhne auf ihrem Interrail-Trip und wurden liebevoll betreut!

Einige Schüler ließen sich auf der Piazza Navona , dem täglichen Treffpunkt am Abend, von Straßenkünstlern portraitieren. Einmal mischten sich bei der Rückkehr zum Quartier einige einheimische Burschen unter unsere Gruppe und schon hatte einer die Geldbörse eines Mädchens in der Hand. Er kam aber nicht weit, denn unser mitgereister Schwiegersohn und dessen Bruder hatten ihn gleich beim Krawattl und er ließ die Börse fallen.

Wir waren fast ausschließlich zu Fuß unterwegs, um die Sehenswürdigkeiten zu erkunden. Da wir sehr flott marschierten, hatte die mitgereiste Professorin, Dr.K., ihr liebe Not, uns zu folgen, und kam so ins Schwitzen, dass sie sich verkühlte und kein Wort mehr herausbrachte. Sie ersuchte mich, den Schülern anhand eines Büchleins die Sehenswürdigkeiten nahe zu bringen. Vor einer Kirche kniete eine Frau mit einem kleinen Kind auf dem Arm und bettelte. Meine altruistische Frau wollte ihr unbedingt etwas geben, doch eine Vorahnung meinerseits verhinderte die milde Gabe. Als wir nämlich etwas später in einen Bus einstiegen, rief unsere Tochter Susanne, die auch mit war: "Achtung, Taschelzieher!" Und genau die Frau mit ihrem Kind hatte die Geldbörse unserer Tochter aus der Tasche gestohlen. Sie entriss sie ihr, bevor der Schofför anhielt und die Diebin fluchtartig den Bus verließ!

Die positiven Eindrücke dieser wunderbaren Stadt überwogen bei weitem die unangenehmen Erlebnisse! Dank der begeisterten Schilderungen des Professors blieben so eindrucksvolle Bilder in Erinnerung, dass meine Frau und ich später bei Kollegen als Fremdenführer fungieren konnten.

Wir waren noch mehrmals in Rom und sind sicher, dass es noch viel zu entdecken gäbe!

Vergesslichkeit

Man spricht oft von vergesslichen Professoren. Nun, ich bin kein Professor, aber mit deren Vergesslichkeit kann ich leicht mit halten ! Zu meiner Rehabilitation kann ich aber vermerken, dass ich noch nie etwas Lebenswichtiges vergessen habe. Ärgerlich war meine Vergesslichkeit aber trotzdem .

Über die sieben (!) verloren gegangenen Kapperl habe ich eine eigene Geschichte geschrieben. Heute setze ich deshalb nicht gerne eines auf. In jungen Jahren trug ich oft einen Hut, auch in der Zeit, als ich in St.Pölten studierte. Wenn ich an Ferientagen nach Hause fuhr, musste ich den Zug nach Krems benützen und dann auf den Bus warten, der mich heimbringen sollte. Während der Wartezeit schlenderte ich durch die Gassen von Krems, und als ich in ein Auslagenfenster schaute, bemerkte ich, dass ich keinen Hut mehr trug.

Ich hatte ihn im Zug vergessen und er war unterwegs nach St.Valentin und ich erhielt ihn erst wieder bei meinem nächsten Aufenthalt in

Krems, nachdem ich den Verlust gemeldet hatte, Als ich noch jagdlich tätig war, musste man bei den diversen Zusammenkünften gut auf seinen Hut aufpassen, da sich die Jagdhüte stark glichen!

Einmal kam ich von einem Einkauf in unserem Geschäft im Ort nach Hause und machte es mir daheim bequem. Nach einer Weile fragte eines der Kinder: "Wo ist denn die Mutti?" "Ich glaube, sie ist auf der Toilette", sagte ich. Es stellte sich heraus, dass sie nicht dort war, sondern ich sie im Geschäft vergessen hatte, als sie sich Kleider anschaute. Sie konnte aber nicht zu Fuß heimgehen, da es an dem Tag stark regnete!

Ein anderes Mal war ich mit einem älteren Herrn aus Sallingberg und mit meiner Frau unterwegs nach Zwettl. Nachdem der Mann alles erledigt hatte, fuhr ich mit ihm nach Hause und bemerkte unterwegs, dass ich meine Frau in Zwettl vergessen hatte. Ich schwöre, das waren die einzigen Male, dass ich meine Frau in unserer langen Ehe vergessen habe!

Eines Tages war ich in Ottenschlag beim Spar einkaufen. Als ich mit dem vollen Wagerl zum Auto kam, winkte mir schon von weitem der Kollege Karl St., Hauptschuldirektor in Ottenschlag, zu. Ganz aufgeregt kam er auf mich zu und erzählte freudestrahlend: " Ich bin Großvater geworden!" Da ich zu dem Zeitpunkt schon mehrfacher Opa war, gab es einen regen Gedankenaustausch.

Als wir genug geplaudert hatten, stieg ich ein und fuhr nach Hause. Dort angekommen, öffnete ich den Kofferraum und stellte zu meinem Entsätzen fest, dass sich kein Einkauf darinnen befand. Ohne meine Frau zu informieren, kehrte ich schnellstens wieder zurück. Das Wagerl war verschwunden! Ich stürzte in den Sparmarkt, lief zur nächsten Kassa, an der zufällig eine ehemalige Schülerin saß, und entdeckte mein Einkaufswagerl mit Inhalt. Die Kassierin meinte, nicht ohne eine gewisse Schadensfreude: "Ich war sehr neugierig, wem der Einkauf gehört!" Ein Herr hatte das Wagerl hineingeschoben. Das würde sicher nicht überall passieren! Ich sage euch: Ich hab mich sehr gebessert!

Melodienstrauß

Als wir erfolgreich mit dem Tonstudio Friedrich aus Krems unsere erste Musikkassette produzierten, war es klar, dass wir sie der Bevölkerung präsentieren wollten.

Angefangen mit dem Marsch "Schloss Leuchtenburg", gab es weitere Märsche, Polkas und Walzer auf dem Tonträger. Damit das jüngere Publikum nicht zu kurz kommt, hatten wir auch modernere Nummern, wie "America For Ever" und "Babyface", aufgenommen.

Am 4.März 1995 war es dann so weit. Die Präsentation der Musikkassette fand im GH Welt in Voitschlag statt. Das Interesse war riesig groß . Ca 300 gezählte Besucher waren erschienen. Darunter auch Kollegen der benachbarten Musikkapellen.

Zur Auflockerung hatten wir auch die "Dorfschwalben" aus Grainbrunn eingeladen. Ein Chor, bestehend aus jungen Frauen und Mädchen, die sehr ambitioniert unser Spiel mit ihrem Gesang untermalten.

Als wir die Nummern durchgespielt hatten, gab es großen Applaus für unsere tüchtigen Musiker.

Die Produktion der Musikkassette war vor allem auch dem Umstand zu verdanken, dass der Bürgermeister nicht nur ein Musikliebhaber war, sondern gleichzeitig auch als Obmann unseres Musikvereines fungierte. Auch unsere schmucken Trachten waren von der Gemeinde gesponsert.

Nach dem erfolgreichen Musizieren verlangte das Publikum, wie üblich, eine Draufgabe. Das war dann meistens der von mir komponierte Marsch "Mein Sallingberg", den ich 1984 dem damaligen Bürgermeister Alois M. zum 60. Geburtstag gewidmet hatte.

Als wir bei dem Marsch zum Trio kamen, fiel plötzlich der Strom aus. Mein begreiflicher Schreck war sofort verschwunden, als meine braven Musiker den Marsch im Dunkeln zu Ende bliesen! Offensichtlich hatte ich ihn so gut einstudiert, dass ihn die Kapelle trotz Finsternis fehlerfrei zu Ende spielte.

Als das Licht wieder anging, lobte ich natür-

lich meine Musiker sehr wegen ihres bravourö-
sen Musizierens.

Die Zuhörer glaubten - interessanterweise -
‚wir hätten das Licht absichtlich abgedreht, um
unser Können unter Beweis zu stellen! Ich ließ
sie in dem Glauben! Wir spielten bei Kerzenlicht
weiter. Es war sehr romantisch!

Die Begeisterung über unser Musizieren wirk-
te sich positiv dahingehend aus, dass die Kasset-
ten alle an dem Abend verkauft wurden!

Dieser Erfolg veranlasste uns, auch eine Lang-
spielplatte zu produzieren. Sie werden allerdings
heutzutage kaum mehr gespielt.

Flotte Daumen, was sonst?

Immer wieder hört man die Klage, dass unsere Kinder und Jugendlichen viel zu wenig Bewegung machen. Ich kann mich nur anschließen, wenn ich an meine Beobachtungen denke: Zwei flinke Daumen auf dem Handy, völlig konzentriertes Starren auf das Display!

Ich breche aber keinen Stab über unsere Kinder und Enkelkinder, denn ich hatte das Glück, dass ich aufgewachsen bin ohne all diese Ablenkungen. Kein Radio, kein Fernsehen, kein Handy, kein Tablet und kein PC! Daher verbrachten wir unsere Freizeit beim Springen, Klettern, Laufen und Werfen! Diesem Umstand habe ich es wahrscheinlich zu verdanken, dass ich heute noch einigermaßen fit bin. Darum diesmal eine Geschichte über das Werfen!

Ostern liegt noch nicht lange zurück, sodass mir spontan einfiel, wie wir mit den Nachbarsbuben die bunten Eier über das Dach unseres Hauses in den Garten warfen, um festzustellen, welches Ei am wenigsten beschädigt ist!

Um unsere Zielsicherheit zu testen, warfen wir auch mit Steinen nach den Isolatoren der Telefonleitungen, die entlang des Schulweges aufgestellt waren. Ich weiß, verwerflich! Wenn wir einen Gendarmen mit weißer Kappe sahen, beschlich uns immer das ungute Gefühl, ertappt worden zu sein. Wir waren nicht immer brave Buben!

Einmal ereignete sich doch etwas Unangenehmes, als mein Bruder Sepp mit der hübschen Nachbarstochter beim offenen Fenster flirtete und dabei einen Stein in der Hand hielt und so tat, als würde er ihn beim Fenster hineinwerfen. Er warf ihn aber über die Schulter zurück, als gerade in diesem Moment ein Wiener Urlauber um die Ecke des Hauses kam. Der Stein traf ihn am Kopf, die Folge: etwas Blut und ein fürchterliches Geschrei des Getroffenen! Ein anderes Mal schupfte ich ein Steinchen, das einem verwöhnten Nachbarsbuben auf die nackte Zehe fiel. Gebrüll und fluchtartig zu seiner Mutter nach Hause! Diese kam sofort und begann mit mir fürchterlich zu schimpfen. Zufällig waren meine beiden älteren Brüder zu Hause, die mich verteidigten. Was sie zur Nachbarin sagten, möchte ich lieber nicht wiedergeben!

Werfen war schon immer eine Leidenschaft von mir. Als ich für das Sportabzeichen den Schlagball 73 m weit warf, war ich ziemlich stolz, denn zu der Zeit hat in der LBA St.Pölten niemand so weit geworfen! Auch beim Feldhandball - etwas anderes gab es damals 1952 nicht - konnte ich ganz schöne Erfolge verbuchen. Unser Jahrgang verlor kein einziges Match gegen die anderen Schulen in St.Pölten. Ich spielte auch in der Mittelschüler-Auswahl von St.Pölten mit.

Als ich bereits Dienst in der VS Zwettl versah, beobachtete ich die Schüler meiner 4.Klasse beim Werfen. Was sah ich da? Die Buben hatten keine Ahnung, wie geworfen werden sollte. Sie rannten bis zur Markierung, blieben stehen und kippten den Ball nach vorne. Natürlich erreichten sie nicht die nötige Weite für das Sportabzeichen! Als fast 60-Jähriger zeigte ich ihnen, wie das geschehen sollte, nämlich aus der Schulter heraus. Sie warfen dann gleich um 10 m weiter.

Adieu, Schwester!

Emotionen, wie selten zuvor, als ich am vergangenen Samstag am Grab meiner älteren Schwester stand und mir bewusst wurde, dass ich der einzige noch Lebende einer einst großen Familie mit sieben Kindern war! Wie in einem Film liefen die Erinnerungen in meinem Gehirn ab, als ich nach Aufforderung des Geistlichen die Trauerrede hielt!

Meine Schwester Elfriede, von allen nur Friedl genannt, war für uns jüngeren Geschwister oftmals Mutterersatz, wenn unsere Mutter mit Kindern, Haushalt und kleiner Landwirtschaft total ausgelastet war. Sie entwickelte damals schon eine große Fürsorge, eine Eigenschaft, die sie ein Leben lang begleitete. Für mich hatte meine Schwester eine besondere Bedeutung und so lasse ich ihr Leben in kleinen Ausschnitten Revue passieren.

1927 in die Zwischenkriegszeit hineingeboren, war ihr Leben geprägt von Bescheidenheit und trotz der Schwierigkeiten und Entbehrungen mit einem Gefühl der Zufriedenheit ausgestattet.

Sie wurde zum Reichsarbeitsdienst eingezogen und arbeitete in einem Gasthaus. Als Siebzehnjährige, nicht unhübsch, machte sie Bekanntschaft mit Soldaten, die im Lager Dürnhof bei Stift Zwettl stationiert waren und sie in unserem Elternhaus besuchten. Ein Verehrer ist mir in besonderer Erinnerung, da er immer hoch zu Ross kam, das Pferd an unserem Gartenzaun anband und sich in unsere Stube begab. Leider schenkte ihm meine Schwester, eine absolute Leseratte, keine Aufmerksamkeit, weil sie zu vertieft in ihrem Buch las. Da hörte ich dann nach einiger Zeit immer ein "Ja, ja, so ist es!" Er kam immer wieder!

Zu meiner Schuleinschreibung begleitete sie mich auch. Da ist mir in Erinnerung, dass ich von der liebenswerten Elementarlehrerin einen Zuckerwürfel bekam. Zuckerl gab es damals nicht. Sie wollte unbedingt Lehrerin werden und studierte von 1941 bis 1945 bei den Englischen Fräulein in Krems. Nach dem Krieg gab es leider kein Freistudium mehr und sie musste zu Gunsten meines Bruders verzichten, der die LBA in St.Pölten besuchte. Zwei Wünsche blieben ihr leider versagt, nämlich Lehrerin zu werden und Kinder!

Nach Beschäftigung als Kindermädchen, in Fleischhauereien in Zwettl und Wien besuchte sie Kurse und erhielt endlich eine Anstellung als Sekretärin im Akademikerbund in Wien. Da lernte sie ihren späteren Ehemann Otto kennen. In dieser Zeit studierte ich gerade in St.Pölten und denke mit Dankbarkeit an meine Schwester zurück, die mir manchmal finanziell ein wenig aushalf, wenn ich mit meinen 20 Schilling Taschengeld pro Monat nicht auskam. Meine Eltern konnten sich nicht mehr leisten. Als ich dann in Wien in einer Privatschule angestellt war, unternahmen wir viel gemeinsam: Spaziergänge im Prater, Besuch von Schönbrunn und auch manchmal ein Tanzcafe am Graben.

In den letzten fünf Jahren hatten wir viel Kontakt, da sie ihre Pension in Rappottenstein im Waldviertel verbrachte.

Um der Bedeutung meiner Schwester für mich gerecht zu werden, gibt es eine Fortsetzung!

Schwesterherz

Kein Lachen mehr, wenn ich versucht habe, mit ein bisschen Schmäh mein Schwesterl aufzuheitern. Keine Diskussionen über politische Entscheidungen, kein Leutausrichten, wie sie immer sagte. Sie ist friedlich entschlummert.

Wie liebte sie ihr Haus in der Ödmühle nahe Rappottenstein! Ganz idyllisch am Ritterkamp gelegen. Bewusst von ihr und ihrem Mann Otto ausgesucht. Beide ungewöhnliche Naturliebhaber! Wenn auch das Haus schon in die Jahre gekommen war, sie fühlten sich beide dort in der Abgeschiedenheit unheimlich wohl. Die Tiere des Waldes kamen bis ans Haus und Otto fütterte die Fische im Fluss. Das ging so weit, dass vor allem Forellen so zutraulich wurden, dass er sie aus dem Wasser nehmen konnte, um sie den manchmal vorbeikommenden Schülern zu zeigen. Eine Forelle, er nannte sie "Hugo", war so vertraut, dass er sie streicheln konnte. Ich sah es selbst!

Als meine Schwester älter wurde, konnte sie ihren Mann überreden, eine Wohnung in Rappottenstein direkt zu beziehen, weil es immer beschwerlicher wurde, zum Arzt oder einkaufen zu fahren. Später erkrankte mein Schwager schwer und meine Schwester pflegte ihn aufopfernd bis zum Schluss. Er ließ auch im Krankenhaus nur seine Frau zur Betreuung ans Bett. Und Friedl, selbst durch Operationen an Hüfte und Knie ziemlich beeinträchtigt, wich nicht von seiner Seite.

Ein besonderes Bedürfnis war ihr der tägliche Besuch des Gasthauses zu Mittag. Dort hatte sie ihren Stammplatz und traf Bekannte und Freunde. Konversation hatte eine große Bedeutung. Als mein Schwager 2016 starb, besuchte sie trotzdem mit Krücke die Gaststätte zu Fuß; und es waren immerhin ca 300 m! Ab diesem Zeitpunkt fuhren meine Frau und ich zumindest einmal in der Woche nach Rappottenstein, um mit ihr zu Mittag zu essen und ein wenig zu plaudern. Das Kurzzeitgedächtnis war zwar ziemlich eingeschränkt, doch von früheren Ereignissen erzählte sie gerne, und manches war auch mir fremd. Dabei kam sie immer wieder auf unsere Mutter zu sprechen, die uns allen ein großes Vorbild war.

EinesTages kam schon sehr früh ein Anruf: " Du, ich bin aus dem Bett gefallen, schicke mir jemanden!" "Liebes Schwesterl", sagte ich,"ich kann dir nur die Rettung schicken!" Diese traf auch sehr bald ein. Zum Glück war nichts Schlimmes passiert. Nachher rief sie mich an und meinte: "Wenn ich gewusst hätte, dass die Burschen beim Roten Kreuz so hübsch sind, wäre ich schon früher aus dem Bett gefallen!" Das sagte meine 90-jährige Schwester und für diesen Humor liebte ich sie!

Dieses Ereignis war aber der Grund, dass ich sie davon überzeugen konnte, unbedingt eine 24-Stunden-Betreuung anzufordern. Als immer Selbständige war es nicht leicht für sie, sich an andere zu gewöhnen. Sie meinte: "Feldwebel bin ich und es geschieht das, was ich will!" Letztendlich hatte sie wunderbare Betreuerinnen, die ihr sehr ans Herz gewachsen waren.

Weißt du, warum ich dich nie vergessen werde? Ich habe deine Stimme im Ohr, dein Bild im Kopf und dich im Herzen!

Clownerie

Auf den Faschingdienstag freuten sich die Schüler besonders. Da durften sie nämlich verkleidet in die Schule kommen. Der Unterricht war sehr locker und es gab eine Menge Spaß!

Einmal hatte meine Frau die Idee, mit den maskierten Schülern zu unserer Greißlerei zu marschieren und sich dort den Kunden zu präsentieren. Diese waren von der bunten Schar sehr angetan und die Chefin des Kaufhauses meinte: "Es wäre sicher sehr schön, wenn ihr mit den verkleideten Schülern einen kleinen Umzug im Ort machen könntet!"

Diese Idee haben dann meine Frau und ich aufgegriffen und es wurde daraus viele Jahre hindurch eine ungewöhnlich erfolgreiche Veranstaltung, an der nicht nur die Schüler, sondern fast alle Katastralgemeinden teilnahmen. Der Fantasie waren dabei keine Grenzen gesetzt und die Teilnehmer sorgten für manche Überraschungen. Den Conferencier spielte ich. Bald hatte sich unser bunter Faschingsumzug herumgesprochen, und es gab dann auch Teilnehmer von Nachbargemeinden. Einmal zählten wir an die 800 Besucher, darunter auch der damalige Bezirkshauptmann von Zwettl. Meine Begrüßung bestand oft aus gereimten Versen, in denen ich in kabarettistischer Weise auf Vorkommnisse einzelner Besucher Bezug nahm!

Beim ersten Faschingsumzug nahm auch unsere Trachtenkapelle teil. Wir traten als Damenkapelle auf (es gab damals noch keine Mädchen oder Frauen in der Kapelle!) und ich stellte die einzelnen Musiker in Versform als Frauen dar: Aus dem Franz wurde eine Franziska, aus dem Josef eine Josefine, aus dem Gerhard eine Gerda und ich war die Kapellmeisterin Johanna, im feschen Dirndl und vollbusig! Das war ein Hallo! Die zahlreich erschienen Besucher klatschten Beifall und besonders angetan von der Veranstaltung waren vor allem auch die Eltern unserer Schüler!

Da es in einer Gemeinde immer wieder auch zu Unstimmigkeiten kommt, war es nicht verwunderlich, dass die Teilnehmer einer Katastralgemeinde, die einmal eine selbständige Gemeinde war, einmal als "Schattenkabinett" auftraten! Es war für den Umzug nie ein Thema vorgegeben, sodass jede einzelne Person oder Gruppe nach ihren Vorstellungern teilnehmen konnten.

Die Musikkapelle verkleidete sich ganz unterschiedlich: als Räuber, als Geister, einmal bunt gemischt und einmal als Clowns. Es war für die Musiker das Spiel im Freien im Februar bei niedrigen Temperaturen nicht ganz leicht. Einmal trat das ein, was ich besonders befürchtete: die Ventile froren ein! Ganz spontan begannen meine unglaublichen Musiker einfach zu singen und der Umzug war gerettet!

Mit aufgetauten Instrumenten klang der Faschingsumzug dann bei flotten Melodien im Gasthaus aus!

Klischees

Niemand ist gefeit vor Klischees und ich habe es auch erlebt, kategorisiert zu werden!

Zunächst muss ich aber auf ein köstliches Buch hinweisen, in dem Klischees so überzeichnet sind, dass man darüber schmunzeln und auch lachen kann, ohne jemanden zu diskriminieren.

Es sind die einzelnen Nationen alphabetisch aufgelistet, also von den Albanern bis zu den Zyprioten.

Die Albaner erkennt man daran, dass sie unter den ausgebeulten Sakkos, als Liebhaber von Faustfeuerwaffen, Kalaschnikows tragen. Die Briten wiederum sind von Natur aus hässlich, viel zu blass, meist unförmig und schlecht frisiert.

Die Italiener sehen aus wie Ganzjahresbademeister, braun gebrannt, Wet-Gel, Sonnenbrille. Die Niederländer wiederum erkennt man daran, dass sie mit einem Wohnmobil den Brenner verstopfen oder auf dem Heldenplatz unerlaubt campieren.

Diese Einschätzungen gibt es natürlich auch in unsrem schönen Heimatland. Da sind die Tiroler Sturschädel, die Wiener Raunzer oder die Villacher, die sich über die Klagenfurter lustig machen.

Als im Zweiten Weltkrieg wegen der Bombenangriffe auf Wien manche Kinder aufs Land geschickt wurden, waren auch bei uns in Rudmanns vier Geschwister, zwei Buben und zwei Mädchen, bei den Großeltern untergebracht. Eine Tante war als Begleitperson mitgekommen. Der ältere Bub , zehn Jahre alt, glaubte auch, uns einfache Landbewohner geistig geringer einschätzen zu können. Er wurde bald eines Besseren belehrt, denn wir Waldviertler waren auch nicht auf den Kopf gefallen! So passierte es schon, dass wir den Städter, wie es so schön heißt, "anrennen" ließen.

Übrigens habe ich die zwei Bubeb einmal aus dem Kamp gerettet, weil sie nicht schwimmen konnten und im Wehr einer Mühle unterzugehen drohten.

In der Lehrerbildungsanstalt gab es auch einen Professor für Geographie, der zu mir anlässlich einer Prüfung , als ich vor der Landkarte stand, sagte: "Typisch Waldvierler"! Vielleicht weil ich damals etwas längere Haare hatte und er vermutete, wir Waldviertler würden noch mit dem Messer zwischen den Zähnen umherlaufen!

Es stellte sich aber bald heraus, dass wir aus dem hohen Norden gar nicht so schlecht abschnitten!

Die Tullnerfelder wiederum wurden sehr despektierlich "Krautplutzer" genannt.

So ließe sich noch eine Reihe von Klischees bezüglich Eigenheiten diverser Nationalitäten anführen. Schlimm ist ja nur, wenn die klischeehaften Einstufungen negative Folgen haben!

Mysteriös !

Unser Sohn Harald ist Gynäkologe in Wien. Auf der Suche nach einer Unterkunft stieß er in der Zeitung auf ein Haus im 21.Bezirk, das zum Verkauf angeboten war. Zunächst schreckte ihn der Preis vom Erwerb ab. Als jedoch dasselbe Objekt ein Jahr später weit günstiger nochmals in der Zeitung aufschien, schlug er zu!

Das Gebäude stand auf einem Grundstück, das der Gemeinde Wien gehörte. Die alte Besitzerin war verstorben und hatte es einer Enkelin vererbt. Diese verkaufte es unserem Sohn. Der Erwerb war aber von der Gemeinde Wien mit der Auflage verbunden, das uralte Haus abzureißen und ein neues hinzustellen. Unser Sohn entschloss sich, auf dem ca 300 Quadratmeter großen Grundstück ein Fertigteil-Haus zu errichten. Die Lage einmalig: direkt beim Angelibad, links ein Spielplatz, rechts ein Grundstück mit altem Baumbestand; alles ziemlich lärmfrei!

Harald hatte eine Abbruchfirma mit dem Abriss des Hauses beauftragt, als er plötzlich einen Anruf erhielt: "Kommen Sie so schnell, wie möglich, wir können mit der Arbeit leider nicht beginnen!" Unser Sohn verständigte uns sofort, und als meine Frau und ich dort eintrafen - unsere Tochter Susanne hatte sich auch angeschlossen -, erwartete uns schon die erste Überraschung! Als wir das große Zufahrtstor öffneten, lag eine Menge Post auf dem Boden. Darunter auch Mahnschreiben des Finanzamtes. Die Enkelin hatte in dem Haus offenbar eine Produktionsstätte für Gebissmodelle einrichten wollen (wir fanden die unversehrten Muster im Haus!), hatte aber keine Steuern bezahlt!

Als wir Richtung Innenhof weiter gingen, erlebten wir die nächste Überraschung. Wir erblickten eine neue Scheibtruhe und verschiedene Gartengeräte so, als ob gerade jemand mit der Arbeit aufgehört hätte! Wir betraten das Haus und stellten fest, dass die Kaffeemaschine in der Küche kurz vorher in Betrieb gewesen sein muss, da sich noch das benützte und ungewaschene Geschirr daneben befand. Auch brannte noch Licht im Raum! Die Vermutung lag nahe, dass die Enkelin das Haus an Personen vermietet hatte, die sich illegal in Österreich aufhielten! Sie hatten das Haus offensichtlich fluchtartig verlassen, als die Abbruchfirma auftauchte!

Im nächsten Raum, dem Schlafzimmer, trauten wir unseren Augen, nicht, was sich alles darinnen befand! Ein Koffer mit Anhänger ließ auf eine Reise schließen, die Betteinsätze waren neu und an der Wand lehnte eine Tür, die noch in Karton verpackt war. Im Schrank hingen Kleider! Und dies alles, obwohl das Haus besenrein übergeben hätte werden sollen!

Im angrenzenden Schuppen gab es einen Raum mit einem Tank, in dem sich noch Heizöl befand. Vor einer verschlossenen Tür meinte unsere Tochter: "Da gehe ich nicht hinein! Vielleicht liegt eine Leiche darinnen!"

Beim Ausgang in den Garten stand eine neue große Stehlampe, lagen Vorhangstangen und in Kästen Schachteln mit Fotoecken. Das meiste der unzähligen Gegenstände schenkte unser Sohn der Caritas. Die Enkelin war unauffindbar!

Rätselhaft

Wie in der Geschichte "Mysteriös" schon erzählt, erwarb unser Sohn Harald ein altes Haus mit kleinem Grundstück in Wien im 21.Bezirk. Was da alles passierte, möchte ich nun ergänzen.

Die noch warme Kaffeemaschine in der Küche, die darauf hinwies, dass sich unmittelbar vor unserem Eintreffen (Sohn Harald, meine Frau und Tochter Susanne) noch jemand dort aufgehalten haben musste! Das veranlasste uns, genauer Nachschau zu halten. Wir öffneten die Kredenztüren und stellten fest, dass ein komplettes Speiseservice, Kaffeegeschirr und ein vollständiges Besteck vorhanden waren. Dazu der Hinweis: Das Haus hätte besenrein, also vollkommen geräumt übergeben werden müssen!

Als ich weitere Laden aus den Kästen herauszog, stieß ich auf einen Ordner, der Aufzeichnungen über Fahrten eines Lieferwagens enthielt. Es waren detaillierte Abrechnungen mit einem Schofför. Es konnte also angenommen werden, dass sich - widerrechtlich, weil ja das Haus schon verkauft war!- dort ein Betrieb befand, sicher illegal, denn die Produktionsstätte für zahnärztliche Behelfe war ganz notdürftig in einem Schuppen untergebracht. Vielleicht hatte sich ein Zahntechniker dort etabliert, wie sich aus den Fundstücken (Gebissmodelle usw.) schließen ließ!

Mit einem ziemlich mulmigen Gefühl, weil wir immer damit rechnen mussten, dass irgend jemand auftaucht, um etwas abzuholen, durchsuchten wir nun alle Räume und auch den angrenzenden Schuppen. Dort hingen, fein säuberlich aufgereiht, Rechen, Gabeln und Schaufeln. In diesem Bereich befand sich auch ein abgeschlossener Raum, der zunächst nicht geöffnet werden konnte. Da alles weggerissen werden musste, wie es die Stadt Wien als Eigentümerin des Grundes zur Bedingung für den Verkauf machte, griffen wir zu einer Radikallösung und sprengten mit einem Krampen die Tür auf. Das war der Zeitpunkt, wo unsere Tochter Susanne meinte: "Da gehe ich nicht hinein. Vielleicht liegt eine Leiche drinnen!"

Gegenüber vom Hauptgebäude gab es noch ein kleines Häuschen, das wahrscheinlich von der alten Vorbesitzerin benützt worden war. Alles ziemlich herabgekommen! Dort befand sich auch ein Terrarium, wo unser Sohn, nicht ohne einen Anflug von Nervosität, flüsterte: "Hoffentlich kriechen keine Schlangen umher!" Es war aber kein Getier mehr vorhanden!

Es galt nun, alles zu entfernen, was einen Abbruch verhinderte. Vom vollen Heizöltank bis zu sämtlichen Gerätschaften. Natürlich war das mit unvorhergesehenen Kosten verbunden. Da die letzte Besitzerin, eine Enkelin der alten Dame, nicht auffindbar war, blieb unserem Sohn nichts anderes übrig, als vor Gericht zu gehen. Dieses machte sie endlich ausfindig und er erreichte eine Reduzierung der Ablösekosten.

Das Rätsel konnte nicht gelöst werden, weil es nicht Gegenstand der Gerichtsverhandlung war! Von der jungen Vorbesitzerin haben wir nie wieder etwas gehört! Und heute steht ein schmuckes Einfamilienhaus dort mit Blick auf das Angelibad!

Rückblende

Die Pandemie hat uns alle im Griff! Täglich hören und lesen wir von den Auswirkungen auf Gesundheit, Wirtschaft und Seelenheil von uns allen. Natürlich leiden vor allem ältere, einsame Menschen und auch Kinder und Jugendliche unter den Einschränkungen, wie wir sie noch nie hatten. Leider tragen auch die Medien durch wenig optimistische Berichterstattung viel zur negativen, traumatischen Gefühlswelt von uns Menschen bei.

Da tauchen bei uns Älteren Bilder aus der Kriegs- und Nachkriegszeit auf. Der Abwurf von 13 (!) Bomben auf unser kleines Dorf! Ein Splitter steckte am Kopfende im Bett und hätte mich fast das Leben gekostet. Bei Fliegeralarm wurden wir nach Hause geschickt und hatten das Glück, durch einen Wald den Heimweg antreten zu können. So waren wir vor den feindlichen Flugzeugen geschützt.

Viel schlimmer traf es meine Frau, die in St.Pölten lebte. Die Stadt wurde stark bombardiert. Tagelange Aufenthalte im Luftschutzkeller!

Im April 1945, einige Tage vor Kriegsende, traf eine Bombe das Haus, in dem sie wohnte. Die Wohnung wurde total zerstört, einzig ein Marienbild blieb unversehrt übrig! Von nun an lebte sie mit ihrer Mutter - der Vater war 1941 mit 39Jahren verstorben! - bei den Großeltern. Die Kämpfe um St.Pölten dauerten noch an, weil der Bürgermeister die Stadt nicht den Russen übergeben wollte! Natürlich war durch die Kampfhandlungen kein Schulbesuch mehr möglich! Manchmal lagen die Schüler auf dem Heimweg im Straßengraben, wenn wieder einmal ein Angriff stattfand!

In die nicht allzu große Wohnung wurde ein russischer Major einquartiert. Er litt unter Magenbeschwerden und meine Frau, damals 11 Jahre alt, musste jeden Tag Sauermilch von der GLanzstofffabrik, wo sich eine Ausgabestelle befand, holen. Damit ihr auf dem Weg nichts passiert, hängte ihr der Major eine Tafel mit russischer Aufschrift um. Da Mädchen und Frauen oft Übergriffen durch die Besatzungssoldaten ausgesetzt waren, machte man ihnen rote Tupfen ins Gesicht, damit es aussah, als ob sie Röteln hätten! Nichts fürchteten die Russen mehr als ansteckende Krankheiten!

Die Mutter meiner Frau war Schneiderin und musste für den Offizier die gleichen Kleider nähen, die meine Frau trug, da er eine Tochter gleichen Alters hatte.

Es würde den Rahmen sprengen, alles zu berichten, was wir als Kinder in dieser Zeit erlebten. Unser Glück war, dass uns unsere Eltern nicht mit merkbarer Angst und Sorge verunsichert hatten. Medienberichte gab es in dieser Zeit kaum, bzw. waren uns auch nicht zugänglich.

Ich will mit dieser Geschichte nur aufzeigen, dass wir Unglaubliches erlebt haben und trotzdem großteils unseren Weg erfolgreich gegangen sind. Hören wir auf, unserer Jugend und unseren Kindern einzureden, sie wären eine verlorene Generation. Sorgen wir lieber dafür, dass sie sich Zuversicht, positives Denken und den Willen aneignen, trotz aller Widrigkeiten sich Ziele zu setzen! Wir Erwachsenen sollten keine Mutlosigkeit mehr verbreiten!

Die Holzschuh-Story

Inspiration, Animation und Anregungen erfahre ich immer wieder beim Lesen der Storyone-Geschichten. Oft genügt ein Wort und es tauchen aus meinem Unterbewusstsein Erlebnisse auf, nicht nur schemenhaft, sondern ganz konkret. Vor kurzem war es das Wort "Schuh" und schon kribbelte es in meinen Fingern, eine Geschichte nieder zu schreiben.

Holzschuhe, von meinem Vater selbst hergestellt, begleiteten uns täglich zumindest bis zum Sonntag. Zum Messbesuch durften wir unsere einzigen Schuhe anziehen. Unbeliebt war das Putzen der Schuhe am Samstag, Immerhin waren es in unserer Großfamilie acht Paar! Obwohl ich körperliche Arbeit durch meine Mithilfe in unserer kleinen Landwirtschaft - alles händisch! - durchaus gewohnt war, hatte ich mit der Schuhputzerei keine Freude. Sogar in der Zeit im Internat in St.Pölten opferte ich gern einen Schilling von meinem kärglichen Taschengeld, wenn mir ein Kollege die Schuhe putzte! Später erledigte das meine liebe Frau!

Die Holzschuhe trugen wir auf unserem täglichen Schulweg nach Stift Zwettl (2 km). Im Winter ließen wir uns von unserem Schmied Zoan (nasal gesprochen - etymologisch gesehen, aus dem Mittelhochdeutschen ZEIN = Metallspange, auch Stab, wie mir erklärt wurde) anfertigen. Das waren Klampfen, also Rundeisen, die an den Enden zugespitzt und u-förmig gebogen wurden. Die schlugen wir in unsere Holzschuhe und fuhren im Winter damit zur Schule, was bei den glatten Straßen - es gab keine Schneeräumung - für uns Kinder einen großen Spaß bedeutete. Heimzu weniger, weil es bergauf ging!

Pro Holzschuh gab es meistens zwei Eisen. Zur Erprobung schütteten wir einmal auf einer Böschung Wasser auf, damit es glatter war. Wir stellten die Füße hintereinander und saßen mit dem Gesäß auf der Ferse. Das Gelände war wellig und ich erlitt einmal einen so heftigen Sturz, dass mir der Atem wegblieb! Die Eltern wussten zum Glück nichts davon!

Gegen Kriegsende waren vier Kinder aus Wien, zwei Buben und zwei Mädchen, wegen der Bombenangriffe mit ihrer Tante bei den Großeltern in meinem Heimatort Rudmanns untergebracht. Sie waren unsere Spielgefährten und machten alles mit, was wir inszenierten. Beliebt war im Sommer das Rutschen mit den Holzschuhen über Böschungen so lange, bis das Gras weg war und die Erde herausschaute. Damit das Gleiten schneller vonstattenging, schütteten wir Wasser hin. In dem entstanddenen "Gatsch" rutschte es sich besonders flott!

Die zwei Wiener Buben waren mit von der Partie, meinten aber: "Unsere Tante hat gesagt, wir dürfen zwar nass, aber nicht schmutzig werden!" Unterhalb der Böschung floss ein Bach und die zwei Buben, etwas ungeschickt, landeten jedesmal im Wasser. Die schmutzigen Socken wuschen sie dann darinnen aus, weil die Nässe, laut Tante, keine Rolle spielte!

Manchmal hielt das Holz bei den Schuhen den Zoan nicht stand und brach auseinander. Der Vater hatte dann wenig Freude damit, weil er wieder neue Holzschuhe anfertigen musste!

Der Frosch und die Kamera

Einige Male verbrachten wir unseren Wanderurlaub in St. Veit im Pongau im schönen Hotel "Sonnhof" der Familie Winkler. Auf dieses Hotel stießen wir, weil der Chef, Ernst Winkler, ein bekannter Abfahrtsläufer war, zweimal österreichischer Meister wurde und seinerzeit Franz Klammer ein wenig Konkurrenz machte. Nur zu den Olympischen Spielen in Innsbruck 1976 konnte er nicht antreten. Während unseres Aufenthalts erhielt das Hotel einen vierten Stern und wir waren eingeladen, entsprechend mitzufeiern.

Von dort aus erkundeten wir die Umgebung, vor allem die Bergwelt.

Wir brachen schon bald nach Sonnenaufgang auf und fuhren mit der Gipfelbahn von Dorfgastein auf das Fulseck. Von dort aus wanderten wir Richtung Arltörl. Es war herrliches Wetter mit blauem Himmel und strahlendem Sonnenschein. Zwar etwas kühl, aber wir waren richtig adjustiert. Wir hatten bei früheren Wanderungen viel gelernt, vor allem, dass man immer die richtige Kleidung mit hatte, weil das Wetter in den Bergen jederzeit umschlagen kann.

Hinter einer Almhütte zogen wir im Windschatten eine Wanderjacke an, weil uns schon etwas fröstelte. Plötzlich kam eine junge Frau mit einem kurzärmeligen Shirt daher! Da staunten wir nicht schlecht! Wir hatten inzwischen auch Handschuhe angezogen, damit uns nicht in die Finger fror, wenn wir die Stöcke benutzten. Die Wanderung war nicht anstrengend, da es leicht bergab ging. An einem kleinen Biotop trank eine Kuh und der Blick zum Schuhflicker und zu den Hohen Tauern war einfach überwältigend! Es gelangen mir wunderbare Fotos. Die Lichtverhältnisse waren ideal für Aufnahmen.

Vorbei an allerlei Kraftplätzen strebten wir der Heumoosalm zu. Dort besuchten wir die hütteneigene Käserei mit riesigen Laiben. Die dargebotene Jause mit Speck und Käse war von einer Person nicht zu bewältigen, sodass meine Frau und ich uns eine Portion teilten. Als wir unsere Wanderung fortsetzten, saß plötzlich neben dem Weg ein Laubfrosch, den ich natürlich fotografieren wollte. Gerade da streikte auf einmal die Kamera! Was ich auch probierte, der Auslöser funktionierte nicht! Nach einiger Zeit verlor der Frosch das Interesse am Fotoshooting und sprang davon.

Statt nun zur Mittelstation zu wandern und mit der Gondel zurückzufahren, setzten wir den Weg Richtung Parkplatz fort. Das war ein Fehler! Es kam Asphalt, eine Kurve nach der anderen ! Der Parkplatz schien so nah und doch dauerte es lange, bis wir endlich unser Auto erreichten. Als eifriger Fotograf war ich natürlich ziemlich verärgert, dass die Kamera nicht mehr funktionierte. Da ereignete sich etwas Unvorhergesehenes!

Meine Frau kaufte sich in der Trafik in St.Veit ein Brieflos. Al sie es aufriss, staunte sie nicht schlecht! Hatte sie doch glatt 600 Schilling gewonnen! Die Trafikantin meinte: "So etwas habe ich auch noch nicht erlebt!" Wir gaben noch ein wenig darauf und kauften eine Kamera. Der Urlaub war gerettet! Ich konnte wieder fotografieren!

Ein toller Ersatzurlaub

Bei einer Tageszeitung gewann ich den Hauptpreis, nämlich eine Woche Kenia mit Aufenthalt in der wunderbaren Ferienanlage Neptun Village südlich von Mombasa. Der Preis war von Neckermann zur Verfügung gestellt worden. Leider hatte die zuständige Dame des Reisebüros alles vermasselt. Über diese unleidliche Sache habe ich bereits geschrieben!

Als Ersatz sind mir die Malediven bzw. Gran Canaria angeboten worden. Weil ich zwar gerne schwimme, aber kein Taucher bin, haben meine Frau und ich uns für Gran Canaria entschieden. Bei der Buchung dieser Destination funktionierte auch wieder einiges nicht. Als mir nämlich ein Zimmer mit mehrfach Belegung und ohne Warmwasser angeboten wurde und ich mich auch noch um den Transfer vom Flughafen zum Hotel kümmern hätte müssen, drehte ich leicht durch, überwand meine Bequemlichkeit und schrieb an die besagte Dame von Neckermann einen Brief. Am Telefon erwähnte sie dann, dass sie noch nie so einen Brief erhalten hätte! Aber dann klappte alles!

Wegen der Scherereien brauchten wir die gebuchten Ausflüge nicht zu bezahlen und begannen, die Insel zu erkunden. Am Abend, als wir uns, etwas müde von den Reisestrapazen, früher zu Bett begaben, klopfte es plötzlich an der Tür. Als ich, schon im Pyjama, öffnete, stand ein Zimmermädchen davor mit einer Flasche Sekt in der Hand und sagte: " Mit einem Gruß von Frau St. (der Dame, die uns Afrika vermasselt hatte!) und einen schönen Aufenthalt!" Wir genossen noch ein Glas Sekt und schliefen bald ein.

Am zweiten Tag erlebten wir etwas, was es in den letzten 130 Jahren auf Gran Canaria nicht gegeben hatte! Nämlich wolkenbruchartige Niederschläge, die das zu klein konzipierte Kanalsystem total überforderten. Wir wateten im knöchelhohen Wasser zum Strand. Sobald der Regen aufgehört hatte, strahlte die Sonne wieder so kräftig vom Himmel, dass wir unsere Schuhe auszogen und barfuß im warmen Sand den Strand entlang wanderten.

Wir machten einen Ausflug zum Palmitos Park mit einer beeindruckenden Papageienschau. Im Hotel selbst gab es kulinarisch nichts auszusetzen. Vor allem sind mir auch die gigantischen Torten in Erinnerung, die im Durchmesser kleinen runden Tischplatten glichen! Trotzdem blieb kaum etwas übrig, da einige jugendliche Gäste kräftig zuschlugen!

Zu einem außergewöhnlichen Erlebnis wurde der Karnevalsumzug, der wegen des Golfkrieges verschoben worden war und daher ausnahmsweise im Sommer stattfand. Wie uns gesagt wurde, ist es nach Rio de Janeiro die zweitgrößte Veranstaltung dieser Art. Was es da an geschmückten Wägen, tollen Kostümen und fantasievollen Inszenierungen gab, übertraf alles, was wir bis jetzt gesehen hatten!

So war der Ersatz für den "gestohlenen" Gewinn doch noch zu einem einmaligen Aufenthalt geworden, der für den Verdruss voll entschädigte!

Ein besonderes Jubiläum

Von der mühseligen Gründung der Trachtenkapelle Sallingberg habe ich schon berichtet. Nach 25 Jahren war es der berechtigte Wunsch, das Jubiläum gebührend zu feiern. Es wurde ein dreitägiges Fest anberaumt, das mit einem Festkonzert begann, sich mit einem Platzkonzert der Heimatklänge Großgöttfritz fortsetzte und am zweiten Tag mit einer Sonnwendfeier ausklang., bevor es am dritten Tag mit dem Festakt abschloss. Es gab sogar ein Fußballturnier mit den Mitgliedern der Nachbarkapellen!

Um so ein Fest zu veranstalten , bedarf es natürlich einer wohl durchdachten Vorbereitung. Zunächst war es nötig, eine entsprechend geeignete Lokalität zu finden. Da hatten wir das Glück, dass ein Mitglied der Kapelle Unternehmer war, der über eine große Halle verfügte, die er zur Verfügung stellte. Die Ausschmückung übernahmen viele freiwillige Helfer, natürlich vorwiegend auch die Musiker.

Eingeladen zu dem Fest waren vor allem befreundete Musikkapellen, die auch an einer

Marschmusikwertung teilnahmen. Den Vorsitz der Jury führte Anton Pistotnig, der Kapellmeister der Militärmusik Niederösterreich. Zwar ein gebürtiger Kärntner, der aber trotzdem mit ungeheuer großem Engagement das Blasmusikwesen in Niederösterreich gestaltete. Er lud mich auch als Jurymitglied ein. Es war ein beeindruckendes Erlebnis, die Kapellen in ihren schmucken Trachten aufmarschieren zu sehen!

Die Festmesse in der Halle gestaltete unsere Musikkapelle. Den Frühschoppen spielte die Weinlandkapelle Rohrendorf.

Der Einladung zu einem Musikantentreffen hatten auch mehrere Musikanten und Gruppen Folge geleistet. Jeder Teilnehmer erhielt eine Urkunde. Als der vormittägige Festakt beendet war, gab es ein Mittagessen in Form eines Buffets. Die Zubereitung der Speisen und die Bedienung hatten Musiker und andere freiwillige Helfer übernommen.

Unter den geladenen Gästen befanden sich nicht nur der Bürgermerister und einige Gemeinderäte, sondern auch der Bezirksobmann des Blasmusikverbandes, OSR Dir.Paul L., der Bezirkskapellmeister, zwei Bundesräte und auch der

Landtagspräsident. Über Antrag unseres Musikvereins gab es einige Auszeichnungen für langjährige Zugehörigkeit zum Niederösterreichischen BLasmusikverband und der Obmann unseres Musikvereins überreichte an die Gründungsmitglieder die Silberne Medaille für ihre 25-jährige Mitgliedschaft.

Eine besondere Überraschung erlebte ich, als plötzlich der Bürgermeister die Bühne betrat und mir die Urkunde der Ernennung zum Ehrenbürger der Marktgemeinde Sallingberg überreichte. In seiner Laudatio hob er nicht nur mein 27-jähriges Wirken als Direktor der Volksschule Sallingberg hervor, sondern bedankte sich auch vor allem für meine außerschulische Tätigkeit als Kapellmeister, Mitglied des Gemeinderates und Ortsstellenleiter des Niederösterreichischen Bildungs- und Heimatwerkes. Natürliche freute ich mich sehr über diese besondere Ehrung!

Hannes Zeisler

Kurzbiographie: Geboren in Rudmanns (Waldviertel),Schulbesuch in Stift Zwettl (VS und Sängerknaben),Gymnasium Zwettl,Lehrerbildungsanstalt in St.Pölten. Dienst an der Neulandschule in Wien,bis zur Pensionierung Dienst im Waldviertel,davon 33 Jahre als Leiter von Schulen. 28 Jahre Kapellmeister der Trachtenkapelle in Sallingberg,20 Jahre Obmann des Tourismusverbandes Waldviertel Mitte,über 20 Jahre Leiter des örtlichen Bildungs-und Heimatwerkes. 5 Kinder,8 Enkelkinder,6 Urenkel Jahrelang Jagdleiter unserer Jagdgesellschaft usw.

Alle Storys von Hannes Zeisler zu finden auf
www.story.one

schreib's auf
story.one

Viele Menschen haben einen großen Traum: zumindest einmal in ihrem Leben ein Buch zu veröffentlichen. Bisher konnten sich nur wenige Auserwählte diesen Traum erfüllen. Gerade einmal 1 Million publizierte Autoren gibt es derzeit auf der Welt - das sind 0,013% der Weltbevölkerung.

Wie publiziert man ein eigenes story.one Buch?

Alles, was benötigt wird, ist ein (kostenloser) Account auf story.one. Ein Buch besteht aus zumindest 15 Geschichten, die auf story.one veröffentlicht werden. Diese lassen sich anschließend mit ein paar Mausklicks zu einem Buch anordnen, das sodann bestellt werden kann. Jedes Buch erhält eine individuelle ISBN, über die es weltweit bestellbar ist.

Auch in dir steckt ein Buch.

Lass es uns gemeinsam rausholen. Jede lange Reise beginnt mit dem ersten Schritt - und jedes Buch mit der ersten Story.

#livetotell